AMORES
(De la pasión a la nostalgia)

Printed in the United States
Lulu.com, Morrisville, North Carolina
ISBN 978-0-578-13317-1
Copyright @ 2014 Víctor M. Jordán-Orozco
All rights reserved

*A mi esposa,
presencia permanente*

¡Oh amor!
No sé si salir a buscarte
imitando a Diógenes
o tomar las de Socrates
para olvidarte a la fuerza.

¡Oh amor!
No sé si por frecuencias llamarte
o darte la cara (de frente)
o escribirte en pulsaciones
para tentar un poco la suerte.

¡Oh amor!
No sé si de lujuria embriagarte
o la mentira endulzar
y obsequiarte un ónix
para burlar a la muerte.

¡Oh amor!
No sé si encadenarte
o soltarme de tus bridas
o unirme a tus entrañas
para (¿en realidad?) existir la vida.

Amores

> "El amor no es una suerte de negociación entre dos individuos. Es la creación de un nuevo punto de vista sobre el mundo mismo: el punto de vista de los Dos.
> Alain Badiou

A pesar de conocer mi noble vocación al fracaso amoroso, Víctor Jordán quiso que me zambullera entre las páginas de su amor multiplicado, de su pasión, de su nostalgia, de su adoración, de su hornilla, de su cariño esencial; en fin, de sus *Amores*. Un poco, quizás, por su intuición de poeta en busca de prólogo, me escogió. Un poco, quizás, por mi necesidad de darme de cara con otra definición política de la palabra "amor", acepté. Y me embarqué hacia la tercera dimensión de mis fases mentales con esta sagrada encomienda en la mano. Y gané, mucho.

"Me he enamorado, hoy, ya tres veces/y no son las cuatro", fue el primer verso que leí al barajar el manuscrito. No era, sin embargo, la aseveración de un Don Juan en plena caza. No. El hablante se enamoraba constantemente de una misma figura multiplicada. "A las diez volveré a enamorarme / por vez última, hoy, / cuando retoce a su lado / como preámbulo a los amores de mis sueños", sentencia la voz al final del poema como queriéndonos presumir de su inagotable capacidad de enamorarse eternamente de la misma persona. Descubrí, entonces, el primer postulado que propone Jordán en este poemario: el amor como divina sentencia.

Decidir el amor, como lo deciden las voces de Jordán en *Amores*, es descubrir hasta el más ínfimo elemento que nos dibuja a nosotros mismos y luego, por vocación, nos sumerge en la rutinaria placidez de sus formas, sus movimientos, sus sonidos, sus transformaciones, sus átomos. Porque la química que ocasiona la primera explosión del amor, permanece indemne en los cuerpos. Entonces la tarea es resguardar con precaución esa fórmula casi mágica del amor. "Conozco tu cuerpo como la palma de mi mano: / senderos / tallados por lágrimas / cañones / horadados por las penas, / abismos / hacia donde caímos juntos"… porque sólo así, a través de la permanencia de los cuerpos, es posible para la voz hallar la verdad. Es aquí donde identifico un segundo postulado jordaniano: la permanencia del amor como acto político.

La permanencia del amor nos encara, con premeditación y alevosía, a un temor inherente a los amantes: el temor al dolor, a lo finito, a la muerte: "Muerte, / aunque herida, / no me acostumbro a tenerte / al costado. / ¡Vete y déjame amar!". Quien vive, sufre; pero quien vive y ama, sufre doblemente. Enamorarse es, entonces, ir en camino de otra persona a través de ti. Y ese camino implica atravesar por el dolor de estar vivo dos veces. Porque el dolor es un sentimiento universal del cual no somos los causantes sino que somos parte de él. Por eso brinqué con este poema; en él hallé el tercer y último postulado que Jordán nos ofrece en su propuesta: el amar implica que nos reconciliemos con el dolor, que lo eduquemos, que aprendamos a coexistir con aquellos aspectos de la vida que tienen que doler.

Jordán nos entrega una idea, en apariencias, conservadora: el amor como un acto decisional, el amor fiel, el amor, quizás, marital. Pero la fidelidad del amor, en nuestros días, adquiere otras dimensiones irreprochables. Durante el siglo pasado, superadas las revoluciones violentas del mundo capital y los feroces intentos de llevar a términos la creación de un "hombre nuevo", pensar en el amor como sacramento era una idea retrógrada. Sobre todo a partir de los sesenta, el amor libre nos alejó, ¡enhorabuena!, de la domesticación del matrimonio. Era necesario devolver el amor a su estado primero, salvaje, romántico, apasionado. Pero como todo movimiento social, la trashumancia del amor libre rozó una cualidad del nuevo sistema mercantil: la proliferación de lo desechable sustituible. El amor, entonces, si no servía, podía descartarse de la misma manera que se descarta un vaso sanitario, una bicicleta vieja, un mantel descocido, una herramienta oxidada, una silla coja.

De cara al silgo XXI, en donde experimentamos la inevitable crisis del sistema capital, y una vez librados de la insulsa e inverosímil imposición clerical, regresar al amor de una sola pareja representa un acto de rebeldía. Regresar al amor es renunciar al interminable sistema de oferta y demanda, a la desechabilidad, a la compulsión del consumo, a la persuasiva frase "porque tú te lo mereces". Es silenciar, tal vez, a todos los que cruelmente se construyen una vida de excesos a partir de los amores rotos.

Por eso, querido lector, te invito a quedarte entre estas páginas que hoy nos entrega Víctor Jordán. Porque todos los ciudadanos de este incipiente siglo necesitamos redefinir el amor. Porque todos los que hemos ganado o fracasado ingenuamente en enamoramientos furtivos necesitamos darnos de cara con una nueva definición del amor. Porque todos, quizás todos, necesitemos regresar a él. Porque sin AMORES no encontraremos en buen tiempo nuestra "madrugada tibia de verano". Y yo, al igual que Víctor Jordán, "espero la construcción / de la máquina del tiempo / que imaginó Wells / para regresar a revivirte, / sin errores."

Antonio Sajid
Gainesville FL
9 de septiembre de 2013

Preámbulo

A pasos.
Imágenes:
    triviales,
        la ola besa la playa;
    siderales,
        los anillos circundan Saturno;
    vitales,
        compartimos trashumancia.

Tú pastora, yo ovejo.
Yo pastor, tú oveja.

Eventualidades
    a manera de eventos,
cruces
    en cifras que confunden,
encuentros
    que enmarañan.

Redes de seda ferrosa,
trashumancia melosa
    que se adhiere.

Pasos que no pasan.

Costra dulce-amarga
de sabores,
que lamo como gato
para mantener la lustre de mi piel.

Surgen
los nudos mínimos,
silenciosos,
licenciosos,
ineludibles,
al tiempo que el balanceo
de la piragua busca la alborada.

Cadeneta de grilletes
que avanzará anudándose,
con la maña
de un espía tejedor,
listo a sofocar
las profundidades.

Pesada bufanda
que circundará el cuello.

Testigos del hilo encarnado
que rodará
por los pechos,
cuando nos percatemos
de este (otro) hermoso error
uno nuevo (viejo) más.

A prima vista

Verte y enamorarme
fueron un mismo instante…

…quizás fuera tu guiño,
o el azabache
        rubio de tu pelo,
acaso la ficción del nuevo mundo
narrada por el tono claroscuro de tu piel…

…quizás tus rasgados ojos moros
o los finos labios esclavos,
acaso el acento de mezclas
de pueblo,
      de vida,
           de canción.

Verte y enamorarme
fueron un instante:
de asimetría
      en el compás,
de ilusión
      en ciernes,
de tiempo coherente…

     …en el espacio perpetuo.

Y éramos tan remotos.
Y estábamos tan lejanos.

Fuego

Y descubro
que estar contigo
es tejer pasiones.

Y sé que no debo
por que soy de un,
                una,
                      otro,
                          otra.

Y a Dios le ruego
que me dé respiro
para viajar a tu lado
ardiendo en tus llamas…

…sin consumirme dentro.

Verdes

Te invité
a que nos extendiéramos
juntos bajo el sol
e hiciéramos de nuestra melanina clorofila
para envolvernos verdes,
tú y yo,
y peregrinar entre las gentes
sin que nos juzgaran diferentes.

Te invité
a que nos extendiéramos
unidos en el tiempo
e hiciéramos de días décadas
para tornarnos perpetuidades
tu y yo.

Te invité
a que nos extendiéramos
uno sobre las ideas
e hiciéramos de juicios opiniones
para revertirnos verdad.

Te invité
a que nos extendiéramos…

…sin sol,
sin tiempo,
sin ideas,
        despojados.

Ahora somos
vapor termal,
      evanescencia fluida,
          enmarañada,
          sobre la nada
          sempiterna.

Somos sustancia
entre selvas y esmeraldas.

Abismo

Y te besé
a un centímetro de
la pasión.

Un sutil espasmo
curtió tu cuero
de escarlata tenue.

Nuestras miradas
se balancearon en Piscis
evocando lo idealizado…

… y continuamos
transitando opuestos
re-huyendo la frontera
del abismo
todavía acordonado.

Exploración

El alisio roza el lóbulo,
prefiguran los carnosos
un volcán.

Escalo cimas a dos manos,
enceguecido
aro valles.

Recorro senderos termales
y descubro
nevados y desiertos.

Boreal,
te haces navegable,
pulso hipertextos
y ciego sigo los enlaces de tu red.

Bolero

Los negros surcos
oscilan rotando,
la pasta suspira
por el diamante acariciada.

Tú y yo,
yo y tú,
sobre la baldosa
una tela de araña bosquejamos.

Nos narcotiza un canto hondo.

Somos un volcán en reposo,
nuestro giro es lento,
acompasado…
        vago…
            cadencioso…

Un oasis es el multitudinario salón
donde trenzamos.

Mi transpiración
es palabra destilada
que musita afecto.
tu aliento
un resguardo
que abanica.

No hay nada por venir,
no hay camino transitado;
sólo un compás:
1
      2
           3
                  4
que envuelve a dos cuerpos,
uno,
a treinta y tres y medio.

Existirme

Mecerme en el vaivén de tus horas,
integrado a tus minutos,
degustando tus segundos.

Entrometerme en el despertar del vapor,
que emana del lecho,
que acobija tu sueño.

Enredarme en el rosado vibrar de tu piel,
al retozar con el viento
y al salpicar de las aguas.

Remontarme en el cosmos de tus quimeras,
sin el batir de alas
y jamás descender.

Tallarme en tu retina.
Navegarme tus venas.
Transitarme tus años.

Existirme en tu palabra,
sencillamente fluir,
fluirme en ti,
eso es existirme.

Instante

Fueron los lustros
los que me cegaron,
no tu amor.

Fue el paso del tiempo
el que nubló la razón,
no tu pasión.

Fueron las horas y los días
los que no dejaron ser.

¡Maldito Cronos,
que me dio tiempo
para pensar,
pero no dejó quedar
ese instante,
cuando me enlacé a ti,
para hacerlo
eterno!

DOS

Balanceado en mi piragua
lanzo el chinchorro
que hambriento
extiende sus alas
antes de abrazar la superficie,
de un mar en calma,
en busca de enredarse
en la profundidad desconocida.

En mi piragua
un arácnido ha extendido sus hilos
de trampa sedosa,
entre maderos carcomidos
por el tiempo,
y los multiplica y extiende
acabando por envolverme.

Soy una inquieta crisálida
que se mece al ritmo de sal.

(Re) seducción

Y enmallas
en (des)tiempos,
desde los talones
 tesoneros tercos,
hasta los redondos mentones
 de sonrisa firme.
Hilas baladas
con movimientos sin letra
y ritmos que son promesa.

Imaginas cómo,
invadiendo tu memoria,
 te apaciguaré.

Y con el mismo desparpajo,
de aquel inicial cruce,
confiesas sólo una amistad
y te desligas.

Pero te sigues cruzando
para lanzar la jábega,
con la desfachatez
que dan la soledad
y la sed de compañía.

"Me haces falta", musitas.
Y reenciendes un sueño…

Vago por un hombre…

Macho tierno
(de ternura quiero decir,
aunque no me asusta la juventud).

Que me deje cabalgar
a mis anchas
en sus ancas
y conciba que puedo ser
cabalgadura.

Hombre lienzo,
hombre partitura,
      pergamino,
           piedra,
en quien pueda
escribirme,
      inscribirme,
           tallarme
(pero no como curiosidad
en salón de muestras abstractas).

Vago por un hombre…

Pieza del rompecabezas
del que seremos fragmentos,
que encajarán
para transformarse en el paisaje
de un intrincado telón de fondo.

Encuentro

Sorbo aroma
arropado por líricas foráneas
cuando apareces,
(fibra de un nuevo telar)
y me abrazas
dejando huella.

Marca en el hombro
que pretendes borrar
con el abanico de tu mano.

"Déjala", pienso.

Hace poco, me dices, soñaste conmigo.

Yo soñé que soñabas
y en tu sueño yo soñaba contigo.

Desapareces a mis espaldas.

"Dámelas", es tu despedida.

Parto
y te desnudas.

Ciego

No busco agujeros negros
en el espacio inmenso,
no computo centrífugas,
ni centrípetas,
como buscas tú;
respuestas gravitacionales
y electromagnéticas.

Discurro yo,
escribo, leo, cavilo
sobre las fuerzas
enigmáticas
del odio
      y del amor.

Sólo un cerebro cóncavo,
de ideas convexas,
mira impúdico
      hacia el infinito
a través de gruesos
y pesados lentes
mientras yo,
aquí a tu lado,
deseo que me mires
      persona
y vislumbres
el poder de la palabra.

Cupido

En los momentos en que me traspasas,
cuando emerges de detrás del templo,
cuando bailas el café azucarado,
cuando te traes y te dejas oler;
me imagino emancipado,
y contigo me disperso.

Erijo lo jamás construido,
pienso inimaginables,
hasta que lo real
oprime.

Me aquieto
y sobrenado plácido en tu esquela,
en espera de un nuevo viento
que anuncie tu regreso,
transfigurado,
dentro de su carcaj.

Amores

Ya me he enamorado, hoy, tres veces
y no son las cuatro:
a las siete
de quien me sirvió el arábigo humeante,
de su sonrisa de agua termal
y su nombre de montaña californiana…

…a las once,
de quien en mis ojos
creyó leer vibrantes deseos
por encontrar un sherpa para un viaje…

…a la una por quien
me besó en las mejillas
con acento de tierras lejanas
y se perdió en el horizonte.

Me he enamorado, hoy, ya tres veces
y no son las cuatro.

A las diez volveré a enamorarme
por vez última, hoy,
cuando retoce a su lado
como preámbulo a los amores de mis sueños.

Oasis (en plural)

Te imagino sosiego
cuando me hallo sediento
de no verte,
por vagar en el desierto
durmiendo en hamaca
abatida por el siroco.

Me aburren las repetidas rojas ropas,
la misma agua,
todos los días,
con idéntica multitud
entre las mismas palmas
bebiendo de lo igual.

Después de muchas leguas
cada Oasis es distinto.

Las lenguas no las mismas.

Y añoro una nueva migración
sabiendo que de rodar
regresaré al mío
(al bullicioso silencio)
para partir de nuevo,
con poco, al lomo del camello
que le sobra una joroba.

Carpe diem

Día sublime
(aunque creas que no sea de amor)
que se acomoda debajo de la piel.

Arrópate con él,
déjalo que te cubra
como el velo a la novia,
como la fina sábana
en una madrugada tibia de verano,
como el rocío,
la nieve,
la seda,
la bruma,
el aliento que anuncia un beso…

Envuélvete con él,
déjalo que te invada
como el llanto que emana en la meta
después de que rasgas
la cinta amarilla,
que apenas ayer
era distancia.

Acechanza

Despierto
y te siento a mi lado
y te levantas conmigo
al iniciar el día
y aunque no te vea
te llevo conmigo
y aunque no te pienso
sé que no te has ido.

En el ocaso regreso a mi guarida.

Muerte,
aunque herida,
no me acostumbro a tenerte
       al costado.

¡Vete y déjame amar!

Destiempo

Cuando tú vas
yo vengo
o viceversa.

En el horizonte el astro
se zambulle en un océano tormentoso,
por el oriente prorrumpe una luz
que ciega
o viceversas.

Cuando yo voy
tú vienes
o viceversa.

En la cama duermes
mientras yo despierto
elucubro pesadillas
o viceversa.

Tú
tu futuro
eres…
es mi pasado…

¡Oh viceversa!

Retorno

Añoro la curvatura del universo
para que resurja Omteotl
y pueda yo volver al mismísimo instante
cuando te conocí.

Espero la construcción
de la máquina del tiempo
que imaginó Wells
para regresar a revivirte,
sin errores.

Retornaré
escultura de tus deseos,
tus pasiones y
tus sueños.

Solo siendo otro-mismo
        podré pedirte un perdón ilusionado.

Renacimiento

Hoy amanecí con ganas de morir,
cerrar los ojos y desaparecer,
pero no del modo eterno.

Son deseos
de no existir por un período,
por una era
(la cuaternaria quizás).

Son deseos
de no habitar
por el tiempo
que permita
la sutura de las heridas
que tallaste en mi piel.
Y olvidar la aridez
de la cicatriz
que lleva tu faz.

No hablo de dormir,
ni resurgir de intricados sueños;
de estos ya despierto
para repetir pasado.

Hablo de morir
para renacer,
pero no resucitado
(como hacen algunos
cristianos

con las mismas ideas
sólo que más
recalcitrantes).

¡No!

Son deseos de sucumbir
para brotar
sin recordarte,
sin recordarme,
para aprender de nuevo
a existir a tu lado.

Desilusión

Ya no te hago tiempo,
ya no te conjeturo,
ya ni siquiera
imagino
cómo podría enredarme
      en tus entrañas.

Me cansaron tus ofrendas,
tus proezas,
me aburrieron
las promesas
de un futuro
entrometido.

Deambulo
sola
con / sin
tu quimérico espejismo
y mi espera
no enraíza en la esperanza…

…es estar con el alma en un hilo
que revienta
y torno a enlazar

…es un ensayo de la razón
para no sucumbir al sinsabor.

Glacial

A cero centígrados
como esa mirada tuya,
ese día,
cuando la superficie blanca
de mis ojos
reflejó un amor antártico.

Como ese día,
nevado,
en que llegó
ese telegrama
de dos palabras
anunciándome
esa despedida.

Como en ese día,
tu frío,
ahora,
congela sentimientos
y hiere
estalactito.

TRES

Me sorprendes,
aquí en mí piragua,
donde apenas si puedo distinguir tus rasgos
en la marejada de los vientos
de los zargasos.

Cuando partí
te regalé un libro que todavía no lees,
vas a re-empastarlo me dices.

Un tomo de la biblioteca de mi padre:
"La vejez".

Me recuerdas
porque no lo has leído;
han batido las olas,
han pasado
los lustros,
las millas
y quizás la sigues aguardando.

No lo leas
(protégelo solamente)
el día que lo hagas voy a dejar de recibirte.

Al tiempo (¿o al amor?)

Un día
te invité.

Me coloqué mis mejores ropas
y preparé la mejor cena.
Esperé ansioso.
Por fin podría tenerte: soñé.
¡Oh qué engaño!
¡Qué torpe ceguera!

Pasaste de largo,
        indiferente,
                orgulloso,
                        desafiante.

Sé que me viste
porque cuando te llamé
(casi a gritos)
volviste la mirada,
pero en tus ojos vi
que todo sería en vano.

(No sería correspondido)

Inútil tratar de detenerte,
        descifrarte…

…y seguiste de largo.

Pero regresabas.
¡Siempre regresabas!

Un nuevo traje, un nuevo manjar.
Joyas,
      rosas frescas,
           poemas.

Y tú, indiferente,
      orgulloso,
           errante.

Decidí no aguardarte,
no desear tus regresos
ni quedarme impávido
           viéndote partir.

Te seguí.

Desde entonces camino a tu lado
y creo entenderte un poco.

Espero seas mi compañero.

Algún día.

Huellas

Conozco tu cuerpo como la palma de mi mano:
      senderos
         tallados por lágrimas,
            cañones
              horadados por las penas,
                 abismos
                    hacia donde caímos juntos.

Conozco tu cuerpo como la palma de mi mano:
      ondulaciones perfectas
    de tus caderas,
         faldas de tus senos,
            redondez
              de los muslos cuando terminan.

Conozco tu cuerpo como la palma de mi mano:
      cicatrices que deja el trabajo,
         estrías del parto deseado,
            manchas
              de las veces que nos dijimos
              que ya no había amor.

Conozco tu cuerpo
como conozco
el trenzado de la palma de mi mano:
      vestigios del pasado del tiempo,
      rastros esperanzados,

   líneas de vida que no terminan,
   rasguños de sueños por venir,
   espacios para precipicios compartidos,
   lugar de tenebrosas cuevas
y caminos enmarañados.

Tu cuerpo y mi palma,
de tanto acariciarte,
se hicieron uno
   y mi palma es tu cuerpo
   y tu cuerpo mi palma
   y llevo conmigo tus cañones
   y abismos,
     tus cimas,
tus redondeces.

Distancias

Distante aunque estés ahí
al lado,
aliento,
respirando el aire tibio de las ideas
ágiles y vivaces,
ya no arengas,
las palabras han perdido
su fuerza de convencimiento
y ya no arropan,
y sus ecos no besan
y no amenazan
con quererme para siempre.

Distante aunque estés ahí
al lado,
presencia,
transpirando la sal suave
que nutre las neuronas,
ya no cantas,
la risa y el llanto
han abandonado su esencia
y no agitan,
y sus corrientes ya no tocan
y no andan
revoltosas por mi cuerpo.

Distante aunque estés ahí
al lado,
amiga,
emanando el aroma sacaroso
de caricias y ademanes,
ya no abrazas,
los consejos y los versos
no militan,
y las ideas ya no ensueñan,
ni aventuran,
y no intentan
impregnarme con su germen.

Distante aunque estés ahí
al lado,
creadora,
destilando un mar claro
de bondades y esperanzas,
ya no avanzas,
el pasado fue una historia
pasajera y bienhechora
y sus senderos ya no marcan,
ni son rectos,
ni trascienden
sus visiones en mi mente.

Olvido

El monitor me dice que te ahogas,
el vórtex ha vertido su furia
y quizás flotas o desvarías
(pero no sufro).

Hace tiempo que estabas lejos,
mis palabras eran para tus oídos sordos,
mis letras lo que se lleva el viento,
sólo vagaban ecos.

Impávido soy quien escucha al pastorcito
(pero no sufro).

Las reverberaciones las amortaja el agua
y asisto a un (tu) último entierro.

(No sufro).

Eterno

Cuando muera
quiero que se festeje
la continuidad
de mi existencia.

No quiero lágrimas,
ni sollozos,
ni pesares,
ni avatares,
ni perdones,
no quiero ojos rojos,
no quiero resquemores.

Deseo el ocre del sol de verano
incrustado en la superficie verde-azul
del atlántico.

¡Qué me incineren!
y quien quiera
conserve una pizca de cenizas,
en un rincón cualquiera,
o me meta
en el bolsillo roto del pantalón,
para que pueda yo
seguir cayendo,
cual arena,
mientras los vivos continúan
deambulando por la vida.

Si mi padre aún viviera

Si mi padre aún viviera
le preguntaría:
"Padre,
¿por qué si la tierra siempre gira
sólo cuando de copas me paso me embriago?"

Le preguntaría:
"Padre,
¿por qué si el sol emana
la mayor de las energías
unas pocas tenues nubes lo someten?"

"Padre,
¿por qué si el agua evaporada se precipita luego
en mi cuarto después de llorar
no llueve?"

"¿Por qué si la verdad siempre triunfa
es la mentira la que nos gobierna?"

"¿Por qué si el dinero no lo compra todo
hay quienes ya son dueños
del agua y el viento?"

"¿Por qué si todos somos iguales
cuando miro a mi lado nadie se me parece?"

y

finalmente
te preguntaría:
"Padre,
¿por qué si la familia es lo más importante
levantaste vuelo
antes de que pudiera llegar a conocerte?"

Esperanza

… y me quedé esperando
una segunda carta
que me dijera,
aunque vaga,
que todavía había más que memoria.

(Vestigios
de momentos de música
y piel,
ecos de viajes frustrados,
bosquejos de anatomías
y lágrimas compartidas)

Que aunque vaga,
trajera una ilusión
donde sobrevivieran
las esperanzas…

… no los recuerdos.

Recuerdos

Recuerdo cuando el amor era
uno,
sencillo,
de cartas,
vinos,
perfumes,
cenas y
rosas.

Recuerdo cuando el amor era:
una ronda por el parque,
un paseo por el río,
un ocaso en el valle y
amanecer en las montañas.

Recuerdo cuando el amor era:
beber del mismo vaso,
caminar tomados de la mano,
cederte mi ruana y
mirarnos a los ojos añorando el beso.

Recuerdo cuando el amor era
escapar,
provocar,
explorar,
reventar (para luego)
retozar y
jurar idilio eterno.

Recuerdo cuando el amor era:
sentarse a la mesa,
abrir un regalo,
celebrar un aniversario y
compartir con los amigos.

Recuerdo cuando el amor era
pobre,
humilde,
modesto e
infinito.

¿Lo recuerdas?

Soledades

La del soldado derrotado
    y la del victorioso.

La de los amigos idos.

La que extiende el tiempo
    y le sigue a la distancia.

La del desterrado.
La del emigrante
    y la del emigrante desterrado
    cuya tierra (lo) olvida.

La que deja el padre muerto.
La de la madre que confundió tu nombre.
La de los hermanos que partieron.

La de los discípulos accidentados.
La del amigo asesinado.

La de los compañeros idos
    y la de los desaparecidos
    y los apenas recordados
    y la de los trescientos ochenta y uno
    que no conozco

La del vecino que desconozco.

La del nido vacío.

La de no hallarte a mi lado
       o la de no poder estar contigo
       o desearte de lejos
       y acariciarte sin tenerte.

La del amor marchito
       y el olvidado
       y el prohibido
       y el extraviado.

La de hallarme en el futuro
       y no encontrarlos
       y no encontrarte
       y verme solo
       en el espejo.

www.ingramcontent.com/pod-product-compliance
Lightning Source LLC
Chambersburg PA
CBHW032215040426
42449CB00005B/606